EXPLORA

CON

Experimentos

Componentes

- ★ Pegatinas
- ★ Tablero de juego
- ★ Diploma
- ★ Póster

Índice

Texto: Mar Benegas
Ilustraciones: Cristina de Cos-Estrada

© SUSAETA EDICIONES, S.A.
C/ Campezo, 13 - 28022 Madrid
Tel.: 91 3009100 - Fax: 91 3009118
www.susaeta.com

D.L.: M-7305-MMXIV

Experimentos de Química

Hielo instantáneo

¡CUIDADO!
Para hacer este experimento necesitas la ayuda de un adulto.

Paso 1

Herviremos el agua en uno de los recipientes.

Paso 2

Cuando comience a hervir, bajamos el fuego y echamos el acetato, mezclándolo con cuidado hasta que se disuelva completamente.

Paso 3

Pasamos la mezcla al recipiente limpio, con cuidado de que no salpique las paredes del mismo. Con una servilleta de papel, limpiamos bien los posibles restos. Esto es importante, porque, si las gotas de la mezcla se quedan adheridas al envase, puede ser que nuestro hielo instantáneo se solidifique antes de tiempo.

¡Que un adulto te ayude!

Paso 4

Después lo dejamos en el frigorífico 2 horas.

Paso 5

Sacamos la mezcla del frigorífico y la vertemos sobre una superficie, poco a poco. Veremos cómo se solidifica ante nuestros ojos formando una figura de hielo seco.

Con los cristales que quedan, una vez convertido en sólido, podemos repetir el proceso, calentando de nuevo el preparado hasta que vuelva a hervir.

Esto se llama **CRISTALIZACIÓN**: un líquido que pasa a estado sólido. Las sales del acetato (cristales), al mezclarlas con el agua hirviendo, pasan a estado líquido. Sin embargo, en el frigorífico se enfrían de forma inmediata y las partículas no saben ordenarse para convertirse en cristal porque el cambio ha sido muy repentino. Se quedan «líquidas» pero a punto de la cristalización. Al sacarlo del frigorífico y volcarlo, el proceso se precipita. Cuando una de las partículas cristaliza, el resto se suma, como en una cascada.

CURIOSIDAD CIENTÍFICA

El termómetro fue inventado en 1607 por Galileo. Fue una verdadera revolución científica, pero también doméstica. Desde entonces podemos saber si tenemos fiebre o si hace mucho frío en la calle.

Lámpara de lava casera

Paso 1

Echamos el agua dentro de la jarra.

¡Qué fácil!

Paso 2

Añadimos la pintura y mezclamos.

Paso 3

Por último, agregamos el aceite.

Y además... divertido

Paso 4

Esperamos a que el aceite suba. La densidad del aceite hace que no se mezcle con el agua; se queda siempre arriba. Así que, con un poco de paciencia, el agua coloreada quedará abajo y el aceite arriba.

Paso 5

Cuando esté perfectamente separado, se podrá crear la lámpara de lava. Esto se consigue con la pastilla efervescente. Al echarla, las burbujas de color subirán, impulsadas por la efervescencia, sin mezclarse con el aceite.

¡Es un efecto precioso!

¡CUIDADO!
Para manipular medicamentos debes pedir ayuda a un adulto.

Un mar de colores

Paso 1

Primero, pondremos la leche dentro del cuenco.

Paso 2

Luego, verteremos un poco de cada colorante, de manera que queden separados entre sí.

Finalmente, echaremos una gota de lavavajillas en el centro. La leche se convertirá en un mar de colores que bailarán y construirán preciosas formas.

¡ATENCIÓN!

Cuando dejen de moverse las formas creadas, podemos echar unas gotas más en los bordes y crear nuevas.

¡Esto es sorprendente!

Paso 4

Podemos probar el experimento con leche desnatada y veremos que las formas cambian debido a la menor cantidad de grasa en la leche.

CURIOSIDAD CIENTÍFICA

Hay científicos que trabajan con equipos de protección. Deben protegerse ya que están en contacto con productos altamente tóxicos y peligrosos. Por ejemplo, los que buscan la cura para enfermedades muy contagiosas y mortales.

Inflar un globo con química

Paso 1

Primero introducimos el vinagre en la botella de plástico.

Paso 2

¡Increíble!

Luego, con cuidado, rellenamos el globo con bicarbonato.

A continuación, sin que el bicarbonato se salga del globo, ponemos este alrededor de la boca de la botella, bien metido para que no se escape el aire.

Una vez que esté bien colocado el globo, lo ponemos vertical, de manera que el bicarbonato caiga dentro de la botella.

¡Qué experimento más chulo!

Al entrar en contacto con el vinagre, la MEZCLA EXPLOSIVA hará su función: comenzará a hacer muchísima espuma y, de repente, ¡el globo se inflará sin tocarlo!

¿POR QUÉ SUCEDE ESTO?

Esta reacción química sucede porque el vinagre es un ÁCIDO y el bicarbonato es un ALCALINO. Al juntarse forman dióxido de carbono, que es la espuma loca que sale al mezclarlos.

El huevo saltarín

Paso 1

Primero metemos el huevo en el recipiente.

Paso 2

Lo cubrimos totalmente con vinagre.

Paso 3

Tapamos el recipiente.

Esperamos 48 horas. Si el recipiente es transparente, podrás ver cómo el vinagre va actuando sobre la cáscara del huevo.

Pasadas las 48 horas podemos sacar el huevo del recipiente y, con cuidado, lavarlo con agua.

¡Parecerá de goma!

Veremos que:

1. El huevo no tiene cáscara.

2. Es más grande de lo que era cuando lo introdujimos en el vinagre.

3. Se ha convertido en goma. Puedes tocarlo y verás que es una sustancia gomosa. Incluso puedes hacerlo saltar, despacio y desde una altura muy pequeña. Dentro de nuestra pelota de goma sigue estando la yema del huevo.

PIERDE LA CÁSCARA:
La cáscara, al entrar en contacto con el vinagre, genera una reacción química: por un lado se produce dióxido de carbono (esas burbujitas que has visto durante el proceso) y, por otro, sus partículas de calcio se desprenden.

SE HINCHA:
El agua del vinagre entra dentro del huevo, porque este tiene una membrana permeable que protege la yema pero que absorbe el agua.

SE CONVIERTE EN GOMA:
Sufre el mismo proceso que cuando lo freímos en aceite. El ácido del vinagre provoca esta misma reacción pero más moderada.

Una estalactita casera

Paso 1

Atamos una tuerca a cada extremo del cordón.

Paso 2

Después mezclamos la mitad de la sal en cada vaso con agua. Hay que disolver la sal por completo. Obtendremos agua sobresaturada de sal.

Ten paciencia...

Introducimos en cada vaso una de las tuercas, sumergiendo el cordón en el agua. Entre los dos vasos ponemos el plato, de manera que el cordón sobrante, el que va de vaso a vaso, quede sobre él.

Y ahora toca esperar. Poco a poco el agua sobresaturada en sal irá subiendo por nuestro cordón. La sal irá cristalizando y formará, en unos siete días, una auténtica estalactita de sal.

¡Guau!

CURIOSIDAD CIENTÍFICA

Las estalactitas más grandes del mundo se encuentran en Hungría, con 25 metros de longitud, y en Cuba, ¡con 67 metros! Casi lo que mide una pista de atletismo.

¿POR QUÉ SUCEDE ESTO?

Esto sucede por el efecto de capilaridad. El algodón del cordón absorbe la sal. Al salir al exterior, se evaporará el agua, lo que hará que la sal se vaya cristalizando.

El submarino indeciso

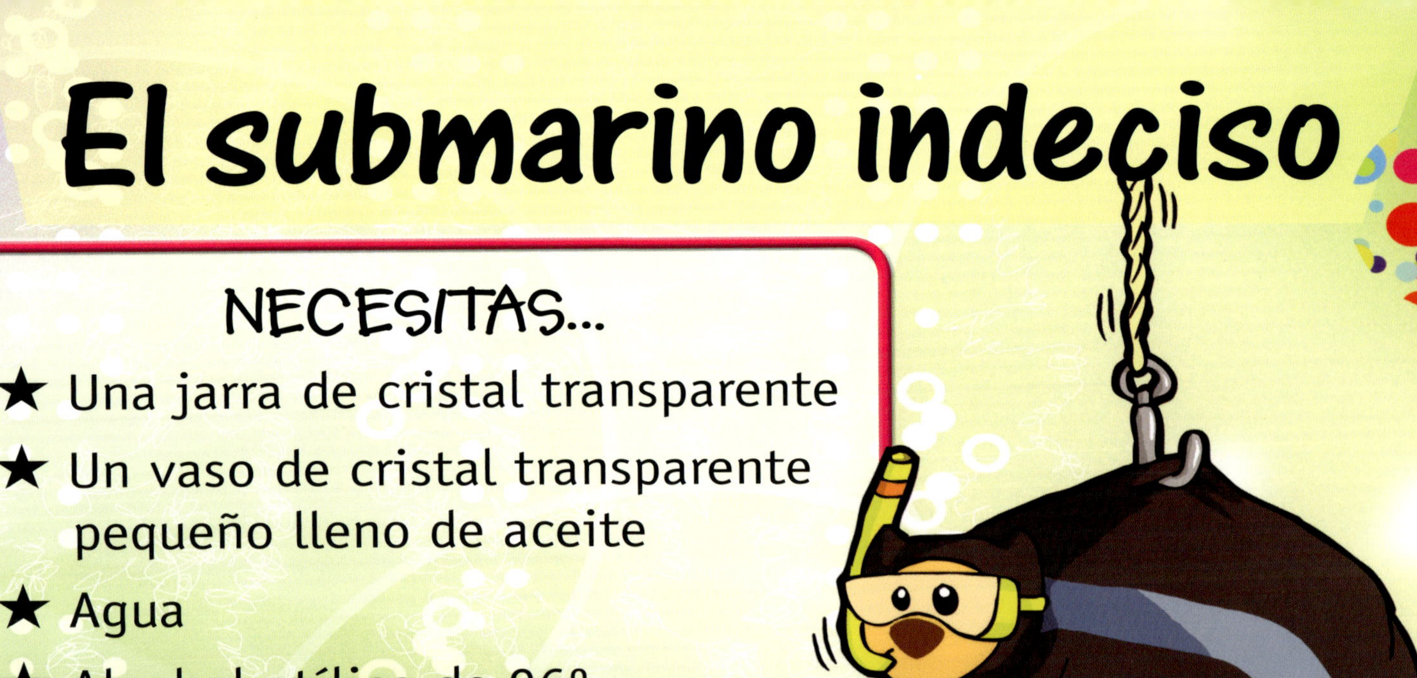

NECESITAS...

★ Una jarra de cristal transparente

★ Un vaso de cristal transparente pequeño lleno de aceite

★ Agua

★ Alcohol etílico de 96º

★ Una cucharilla o jeringa

Paso 1

Ponemos, con cuidado, el vaso pequeño lleno de aceite dentro de la jarra vacía.

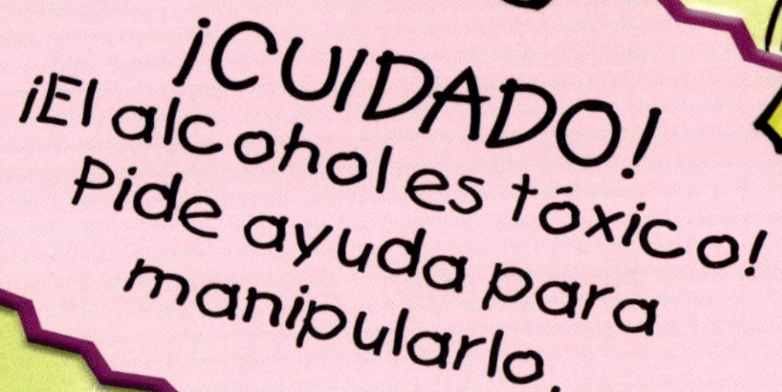

Paso 2

Llenamos poco a poco el recipiente grande de alcohol. Hemos de tener cuidado de que no caiga directamente sobre el aceite que hay en el vaso. Para ello, lo verteremos por uno de los laterales. El aceite debe quedarse en el vaso.

Paso 3

Después, cuando el alcohol sobrepase el vaso de aceite, con la cuchara o con la jeringa comenzamos a añadir agua, poco a poco, teniendo cuidado de que no caiga directamente sobre el vaso de aceite. También podemos hacerlo dejando que el agua escurra por una de las paredes del recipiente.

Paso 4

Llegará un momento, cuando haya suficiente agua, en que el aceite comenzará a subir, despacio. Y flotará. En ese momento, con unas pinzas y con mucho cuidado, podemos extraer el vaso de dentro, pero sin tocar el «submarino».

Paso 5

Luego podemos jugar a hacerlo subir y bajar. Si volvemos a echar alcohol, el submarino se hundirá; si echamos agua, ¡volverá a emerger!

¿POR QUÉ SUCEDE ESTO?

Debido a que el agua, el alcohol y el aceite tienen diferentes densidades. Al variar la cantidad de agua y alcohol, lo que hacemos es que cambie la densidad de nuestra mezcla; por eso el aceite se comporta como un submarino loco que sube y baja.

¡Qué divertido!

¿Sólido o líquido?

NECESITAS...

- ★ Un recipiente
- ★ Un poco de agua
- ★ Harina de maíz (maicena)
- ★ Una cuchara

Paso 1

Vertemos un poco de agua en el recipiente.

Paso 2

Después, echamos poco a poco la harina de maíz. Mientras, mezclamos con la cuchara para conseguir una papilla espesa.

Ahora viene la diversión. A simple vista nuestra papilla se comporta como un «líquido»; podemos introducir con cuidado la cuchara y se hundirá. Pero... ¿y si golpeamos con la cuchara la superficie? Entonces se comportará como si fuera un sólido.

Atrévete y tócala. ¡Cuanto más rápidamente la toques y la muevas, más sólida será!

¿POR QUÉ SUCEDE ESTO?

Al mezclar el agua con la harina (almidón) de maíz, conseguimos un fluido NO NEWTONIANO, que cambia su consistencia y viscosidad dependiendo de la presión que se ejerza sobre él.

Si la amasas será como una pelota viva, como si fuera plastilina. Pero en cuanto dejes de moverla, volverá a su estado líquido.

¡La papilla de maíz se ha vuelto loca!

Bosque mágico de cristales

...y mucha paciencia

Paso 1

Llenamos el recipiente de agua.

Paso 2

Introducimos las aspirinas dentro del bote.

Esperamos de 3 a 6 meses (dependiendo de la humedad, de la cantidad de agua, etc.). Sabemos que es mucho tiempo, pero merece la pena. Además, así podremos seguir el proceso cada día, hasta que nuestro hermosísimo bosque esté terminado.

Cuando el agua se haya evaporado por completo, tendremos un maravilloso bosque de cristales, como si hubiéramos atrapado copos de nieve gigantescos.

¡Es realmente precioso!

¿POR QUÉ SUCEDE ESTO?

Por la CRISTALIZACIÓN. Este proceso ocurre al evaporarse el agua; el ácido acetilsalicílico (aspirinas) cristaliza, formando primero agujas y luego esas bonitas figuras geométricas.

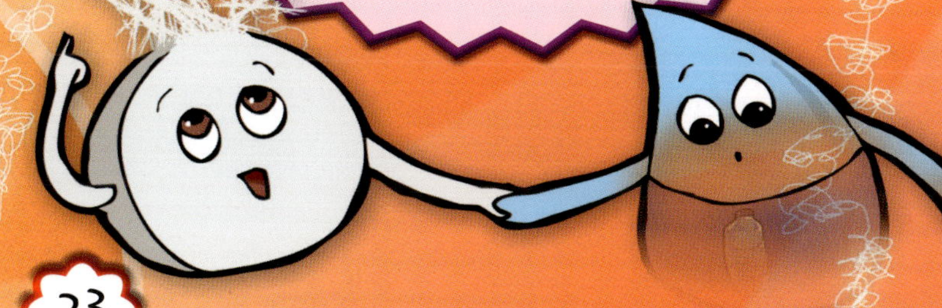

Tu propia pintura

¡Que te ayude un adulto!

Paso 1

En un vasito con agua (unos 150 ml) disolvemos la harina de maíz. Removemos muy bien para que no queden grumos. Reservamos la mezcla.

Paso 2

Después, calentamos el resto del agua (2 vasos).

Cuando esté bien caliente, lo añadimos a la mezcla que tenemos reservada.

Removemos muy bien hasta que tenga la textura de la pintura de dedos.

Por último, solo tenemos que añadir colorante a nuestro gusto, volviendo a remover muy bien, hasta que toda la pasta tenga el color elegido.

Una vez frío... ¡ya tenemos nuestra pintura!

¿POR QUÉ SUCEDE ESTO?

Hay moléculas a las que les gusta estar juntas, como en este caso. La harina de maíz se mezcla con el agua y el colorante hasta cambiar su consistencia. Al unirse los tres ingredientes se convertirán en pintura de dedos.

¡Tu propia pintura de dedos!

Tinta invisible

NECESITAS...

★ 1 limón
★ Papel
★ Una bombilla de 100 W
★ Un pincel

Paso 1

Exprimimos el limón para obtener zumo.

Paso 2

Escribimos nuestro mensaje sobre el papel utilizando el pincel mojado en el zumo del limón.

Paso 3

Esperamos a que se seque.

Paso 4

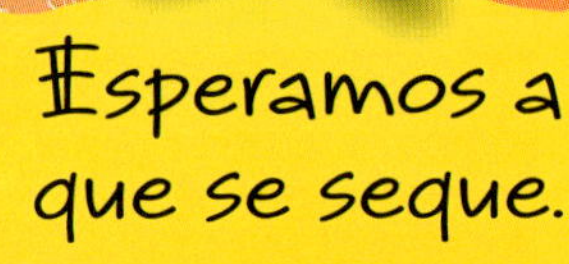

Acercamos el papel a la bombilla encendida u otro foco de calor, y... ¡aparecerá tu mensaje!

Experimentos de Física

Los fideos saltarines

Paso 3

Poco a poco, acercamos el globo a los fideos.

Paso 4

Primero vemos cómo se levantan, hasta estar completamente verticales; se mueven y bailan. Y, si acercamos un poco más el globo... ¡saltan como si estuvieran VIVOS!

¡Esto es muy divertido!

Paso 5

Podemos probar con trocitos pequeños de papel. Vemos cómo el globo también los atrae y se quedan pegados a él.

Ahora, inflamos el otro globo. Frotamos ambos globos en la lana. Acercamos uno al otro y... no se atraen, al contrario, se repelen.

¿POR QUÉ SUCEDE ESTO?

Al frotar el globo, se llena de electricidad con carga negativa. Los fideos son atraídos por esta carga de nuestro globo. La electricidad estática funciona igual que el magnetismo de los imanes: cargas iguales se repelen; cargas contrarias se atraen.

¿Tienes el pelo largo? Acércate el globo después de frotarlo con la lana, y verás cómo se levanta, igual que los fideos de nuestro experimento. También te pasará en invierno, al quitarte el jersey. Esto es debido a la electricidad estática.

La luz se traga la moneda

Paso 4
Llenamos de nuevo el recipiente de agua y volvemos a mirar por un lado del envase, a través del cristal.
Paso 5
La moneda desaparece ante nuestros ojos. ¿Cómo es posible?
¡Guauuuu! ¡Qué divertido!
¿POR QUÉ SUCEDE ESTO?
Debido a la refracción. Tan solo vemos los objetos que reflejan la luz hasta nuestros ojos.

La nube en la botella

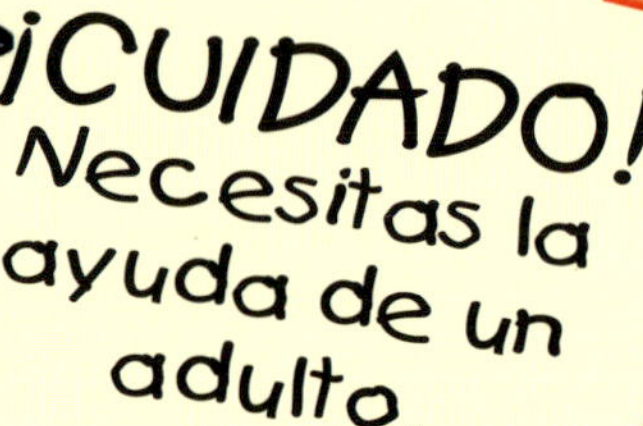

Paso 1

Cogemos el tapón de goma y le hacemos un agujero con un punzón o destornillador, de manera que quepa la boquilla más fina de nuestro inflador. No lo hagas solo, pide ayuda.

Paso 2

Que un adulto eche un poco de alcohol en la botella de plástico, solo hasta cubrir el fondo.

Paso 3

Tapamos la botella.

Paso 4

Metemos el inflador por el orificio del tapón que hemos hecho con anterioridad e introducimos aire dentro de la botella.

Paso 5

Quitamos el tapón... e inmediatamente se formará una nube dentro de la botella.

¡Alucinante!

¿POR QUÉ SUCEDE ESTO?

Las nubes se generan por condensación. En este experimento creamos algo parecido: los gases del alcohol y la presión del inflador hacen que nuestra nube se condense.

CURIOSIDAD CIENTÍFICA

La NIEVE se produce cuando las nubes están a una temperatura por debajo de cero grados y el agua que contienen se cristaliza formando copos de nieve. El GRANIZO, sin embargo, se forma cuando las nubes se enfrían de manera brusca, formando bolas de hielo. La piedra de granizo más grande del mundo pesaba 1 kg y cayó en Bangladesh en 1986.

Tras la nube… la lluvia

NECESITAS...

★ 2 recipientes transparentes, uno grande y otro pequeño

★ Sal

★ Un poco de colorante

★ Agua

★ Film de cocina o una tapa de plástico transparente

★ Unos 3 cubitos de hielo

Paso 1

En el cuenco grande echamos la sal, el colorante y el agua hirviendo. Luego removemos bien toda la mezcla.

¡Cuidado con el agua caliente!

Paso 2

Introducimos el recipiente pequeño con agua limpia.

Sellamos el recipiente grande con el plástico transparente.

Colocamos el hielo sobre el plástico.

¡Formidable!

Esperamos. El agua caliente se irá evaporando y, en unos minutos, comenzará a llover. Sin embargo, solo lloverá sobre el recipiente pequeño y... ¡sorpresa!, será agua limpia y no estará salada, a pesar del colorante y de la sal que hemos añadido.

¿POR QUÉ SUCEDE ESTO?

El agua hirviendo se evapora. Arriba, se encuentra con un obstáculo que no permite que siga subiendo. Esto mismo sucede con el agua evaporada de la tierra, que se encuentra con un cambio de presión y de temperatura. Al añadir el hielo, precipitamos el proceso de condensación.

¿Cuántos caben?

Paso 1

Llenamos la copa de agua hasta que no quepa ni una gota más. Justo hasta el borde, pero sin que llegue a derramarse.

Paso 2

Con mucho cuidado iremos echando, UNO A UNO, los alfileres y contando los que caben en el vaso sin que se salga el agua.

Uno, dos, tres, cuatro...

... quince, dieciséis, diecisiete...

¡Eureka!

... noventa... cien... doscientos... trescientos... ¿Cómo es posible? ¡Puedes llegar a introducir más de quinientos alfileres sin que el agua rebose y se salga!

¿POR QUÉ SUCEDE ESTO?

Esto sucede debido al Principio de Arquímedes, que dice: «Todo cuerpo sumergido en un líquido desaloja una cantidad de dicho líquido igual a su volumen».
Pero, en este caso, al tener los alfileres tan poco peso se necesita una cantidad enorme de estos para que el famoso principio se cumpla.

CURIOSIDAD CIENTÍFICA

Se dice que Arquímedes se metió en la bañera y se dio cuenta de que el agua desbordada tenía el mismo volumen que su cuerpo (el llamado principio de Arquímedes); de esta manera se podía saber el volumen de cualquier objeto, tuviera la forma que tuviera. Emocionado por su descubrimiento, salió a la calle sin vestir, gritando: ¡EUREKA! (¡Lo tengo!).

Del derecho y del revés

NECESITAS...

★ Un tarro de cristal con tapa

★ Agua

★ Un papel

★ 5 rotuladores de colores diferentes

Paso 1

En el papel pintamos una figura geométrica con los tres colores diferenciados. Por ejemplo, esta:

¿Será magia?

Paso 2

Llenamos el tarro con agua y lo tapamos.

Apoyamos el papel en una superficie, para que quede vertical.

Ponemos el tarro delante del papel. Lo acercamos y lo alejamos: veremos cómo, a través del tarro, las figuras de tu dibujo ¡cambian de posición! Lo que estaba arriba se ve abajo y lo que estaba en la derecha pasa a la izquierda. Si dejamos el tarro en vertical (de pie), lo que está en la izquierda pasará a la derecha; sin embargo, si lo ponemos en posición horizontal (tumbado, y recuerda que debe estar tapado), lo que está arriba se verá abajo.

¿POR QUÉ SUCEDE ESTO?

Es una cuestión de óptica. Si está muy cerca, el tarro será una lente de aumento (lupa) y verás la figura mucho más grande pero, si separas el papel del tarro, verás que todo se da la vuelta.

Equilibrios imposibles

Por último, apoyamos el palillo, con los tenedores clavados, sobre el tapón de la botella. Tendrás que ir probando hasta que veas que se queda en equilibrio.

¡Asombroso! Los tenedores y el corcho se mantienen en equilibrio sobre la botella, incluso podemos girar los tenedores como si fueran una noria.

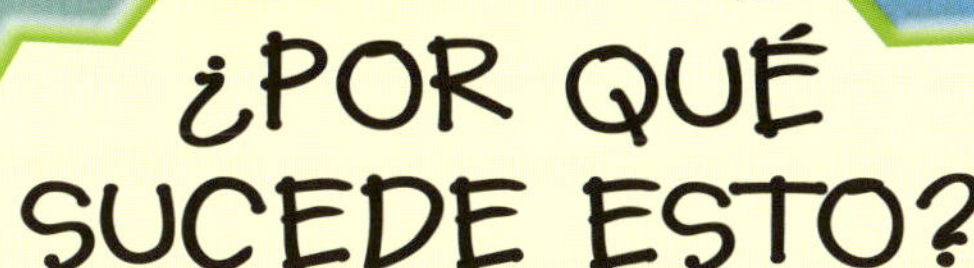

¿POR QUÉ SUCEDE ESTO?

El centro de gravedad de un objeto es lo que permite que se mantenga de pie. Al pinchar el corcho y los dos tenedores a los lados, CAMBIAMOS SU PUNTO DE EQUILIBRIO. Por eso se sujetan sobre un palillo y se quedan «volando» a ambos lados.

¿Puedes o no puedes?

Paso 1

Hacemos un agujero en la base de la botella, del tamaño justo para poder taparlo con un dedo.

Paso 2

Tenemos que meter el globo dentro de la botella; la boquilla del globo debe quedar sujeta a la boca de la botella.

Paso 3

Tapamos el agujero de abajo con un dedo y soplamos... ¿Podemos inflarlo? ¡Es imposible!

Paso 4

Ahora, dejamos abierto el agujero y volvemos a soplar... ¿Qué sucede? Ahora podemos inflar el globo.

Paso 5

Tapamos el agujero y nos separamos de la botella. ¿Cómo es posible? ¡No se desinfla! ¡A pesar de que la boquilla del globo no está atada!

Paso 6

Si quitamos el dedo del orificio inferior, el globo se queda sin aire de nuevo.

¿POR QUÉ SUCEDE ESTO?

Si tapamos el agujero, el globo no puede inflarse: el aire que contiene la botella se comprime y ejerce presión sobre el globo. Si destapamos el agujero, sí podremos hacerlo, porque tiene una válvula de escape.

Paso 7

Probamos a llenar la botella de agua y vemos que se sale por el agujero. Sin embargo, si ponemos el tapón el agua deja de salir.

Cohete a reacción

Paso 1

Para la lanzadera, pegamos los dos tubos de plástico así:

Paso 2

Después, sujetamos la boquilla del globo a uno de los tubos, de manera que podamos inflarlo por el otro extremo.

¡Qué chulo!

Introducimos el cordón por el tubo que no tiene el globo.

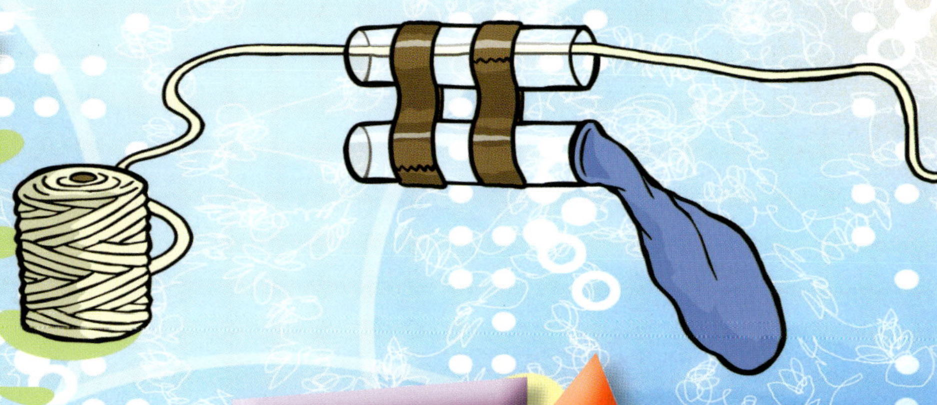

Fijamos un extremo del cordón. Si es posible en vertical, mejor (de un armario), aunque nuestro cohete también puede volar en horizontal. Para eso solo necesitamos una persona que sujete con la mano el extremo de la cuerda.

Una vez sujeto el extremo, podemos inflar el globo a través del canuto.

Al soltar el cohete saldrá disparado a reacción como los cohetes de verdad.

¿POR QUÉ SUCEDE ESTO?

La salida del aire de nuestro globo tiene una reacción: lo impulsa hacia delante o hacia arriba con la misma velocidad y fuerza que el propio aire que está expulsando.

Nave espacial a propulsión

Paso 1

Decoramos el CD a nuestro gusto: con pintura, pegatinas, rotuladores... ¡Utiliza la imaginación!

Paso 2

Pegamos el tapón por la parte de abajo en el centro del CD, justo donde tiene el agujero. Lo pegamos bien para que no se suelte después.

Paso 3

Cerramos la válvula del tapón, es decir, la bajamos para que no salga ni entre el aire.

¡Qué divertido es este experimento!

Paso 4

Inflamos el globo y lo sujetamos para que no se escape el aire. Luego lo encajamos en el tapón.

Colocamos nuestra nave espacial sobre una superficie plana, cuanto más lisa mejor, como por ejemplo, el suelo o una mesa grande.

Abrimos la válvula de la botella y... vemos cómo nuestra nave cobra vida y comienza a rodar de aquí para allá, como una verdadera nave espacial.

¿POR QUÉ SUCEDE ESTO?

El aire sale por el tapón y la nave experimenta una fuerza hacia arriba que es igual a la fuerza del aire saliendo del globo.

Consejos y curiosidades

Consejos

Los experimentos han servido para facilitar la vida de las personas durante toda la historia de la humanidad. Muchos científicos han arriesgado su vida por los demás: para curar enfermedades, para hacer las casas más seguras, para viajar al espacio, para que todos vivamos mejor...

1 Siempre que utilices algún objeto que pueda hacerte daño, será necesario que tengas la ayuda de un adulto para llevar a cabo el experimento.

2 No olvides utilizar un vestuario adecuado para evitar mancharte la ropa.

3 Usa protección cuando lo necesites. No dudes en ponerte gafas protectoras o guantes cuando sea necesario.

4 Cuidado con quemarte. En algunos experimentos usamos materiales a altas temperaturas: no los toques, díselo a un adulto para que te ayude.

Ten paciencia, no intentes ser científico en un día. Porque «la paciencia es la madre de la ciencia».

Utiliza recipientes adecuados. No cojas nada de la cocina sin pedir permiso. Además, algunos recipientes no te servirán. Pregunta primero.

Abre tu mente. El pensamiento científico nunca da nada por sentado, siempre está investigando y es muy observador.

Y finalmente el más importante de todos los consejos: ¡diviértete muchísimo!

Curiosidades

El volcán Krakatoa (en Indonesia) estuvo en erupción más de cuatro meses en 1883. La última erupción hizo añicos la isla; fue la más grande, con una fuerza 10.000 veces superior a una bomba atómica... El ruido se pudo escuchar a más de 4.000 km.

¿Sabías que un astronauta no puede eructar en el espacio? Sí, la ingravidez no permite la separación de gases y líquidos en su estómago, así que... no eructa.

El primer submarino que se probó de manera eficaz fue creado en 1860. Su creador no consiguió financiación para el proyecto, ya que era demasiado avanzado para la época, y murió arruinado, sin saber que en menos de cien años su descubrimiento sería muy popular.

A lo largo de la historia se han utilizado muchísimos materiales para crear pinturas: carbón, sangre, yema de huevo, aceite... mezclados con pigmentos minerales o animales. Algunas han durado miles de años, como las pinturas rupestres.

El sólido con menor densidad del mundo es un aerogel inventado por el ser humano. Puede posarse sobre los pétalos de una flor sin doblarlos. Si llenaras con este aerogel un recipiente donde cabe una tonelada de agua ¡solo pesaría 160 g!

¿Cuántos granos de arena hay en el mundo? En la mano de un adulto y con el tamaño de arena más fina, caben 11.000.000 de granos de arena. ¡Imagínate la que cabe en todo el mundo!

LA ESCRITURA CIFRADA EXISTE DESDE QUE LOS SERES HUMANOS COMENZARON A ESCRIBIR. EN PERIODOS DE GUERRA, TODAS LAS CIVILIZACIONES HAN RECURRIDO A LOS CIENTÍFICOS PARA INTENTAR DESVELAR LOS CÓDIGOS SECRETOS DE LOS MENSAJES DEL ENEMIGO. HOY EN DÍA, INTERNET FUNCIONA GRACIAS A CÓDIGOS CIFRADOS QUE SERÍAMOS INCAPACES DE ENTENDER.

¿Te has preguntado alguna vez cómo se forman las pelusas que hay debajo de tu cama? Para que se forme una pelusa primero tiene que haber un pelo. El pelo se carga de electricidad estática con el roce de nuestros movimientos y las corrientes de aire. Después, atrae todo lo que hay a su alrededor: polvo, telarañas, fibras, etc. Por eso, las casas son el paraíso de las pelusas.

La luz que ilumina la Tierra, la que llega desde el Sol, recorre 149.600.000 km en 8 minutos y 17 segundos.

La velocidad a la que cae una gota de lluvia desde las nubes es de 28 km/hora. Muy despacio si la comparamos con la luz, que viaja a ¡300.000 km por segundo! Einstein decía que, si un astronauta viajaba a una velocidad superior a la de luz, regresaría de su viaje antes de haberse ido. Viajar a mayor velocidad que la luz implica viajar hacia atrás en el tiempo.

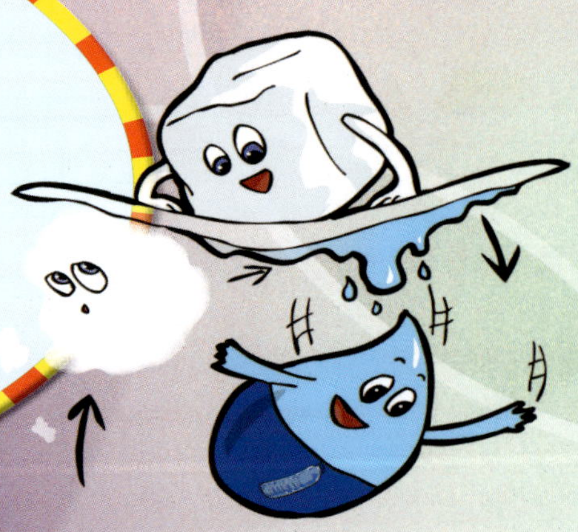